Kossi Komla-Ebr

IMBARAZZISMI

Quotidiani imbarazzi in bianco e nero

EDIZIONI DELL'ARCO

www.ediarco.it – info@ediarco.it

Prima edizione: luglio 2002
Seconda edizione: aprile 2010

Edizioni Gruppo Solidarietà Come Soc. Coop.
Via Tortona, n. 18 – 20144 Milano
Tel. 02 58113325 – Fax 02 89402234

Stampato presso A.G.BELLAVITE, Missaglia (LC)

Questo volume è stato stampato secondo la filosofia *GreenPrinting*
volta alla salvaguardia dell' ambiente attraverso l'uso di materiali
(lastre, carta, inchiostri e imballi) a basso impatto ambientale,
oltre all'utilizzo di energia rinnovabile e automezzi a metano.

carta priva di cloro elementare

Introduzione

Cominciamo anche in Italia - succede da tempo, in altri Paesi di più lunga esperienza di migrazioni - a leggere scritti che ci rimandano l'immagine di "noi" che hanno "gli altri" e che descrivono, da punti di vista che appunto non sono i "nostri", situazioni del vivere quotidiano: spesso *situazioni di imbarazzo*, come in questo libro si mette in luce, presentando efficacissimi squarci di vita italiana.

Nel concorso letterario Eks&Tra, rivolto a scrittori di lingua italiana che però sono (in qualche modo) appunto "altri" sono stati premiati a Mantova nello scorso mese di maggio, testi che hanno appunto questa impostazione. In diverse città, in occasione di presentazioni di libri di questo genere, ho assistito a interessanti dibattiti tra il pubblico, proprio su *questioni di imbarazzo* (per esempio, se usare "nera", come sono abituata a dire io, o "negra", come un'autrice camerunese, si definisce).

Ed ecco gli "imbarazzismi in bianco e nero" di Kossi: spesso divertenti, tutti illuminati.

Del libro vorrei mettere in luce, in particolare, l'interesse che presentano le scene di vita quotidiana in contesti come l'ospedale e il supermarket, il treno e le strade della città; e le osservazioni sui pregiudizi, o luoghi comuni, che accompagnano i "ruoli": un padre togolese che passeggia con il suo bambino ai giardini e viene visto come un insolito babysitter (babysitter, meglio "badanti", dovrebbero essere sempre e comunque donne, filippine o del Centroamerica; e i padri ai giardini, ci si aspetta siano bianchi). Italiani e bianchi ci si aspetta siano, "naturalmente", un medico e un'infermiera. E quando un professore universitario che

predica "tolleranza" immagina come dovrà essere l'eventuale sposo di sua figlia, africano proprio no!
E ancora: ho sempre pensato che ragionare su come il linguaggio complica, distorce e pesa sulle relazioni, costituisca un importantissimo aspetto della nostra società, che si vuole multietnica e multiculturale e forse multilinguistica: ecco l'uso dell'italiano che, chissà perché, si fa approssimativo e caricaturale quando ci rivolgiamo a chi non si riconosce come uno dei "nostri" (con la pelle scura cioè).
Leggiamoli con attenzione questi scritti, cerchiamo di imparare cose che sono davvero importanti per questo paese e per come vivrà (vivremo, *loro e noi*), nei prossimi anni. E un ultimo commento: apprezziamone il senso dell'umorismo, la "leggerezza"; noi, in genere, quando si tratta di queste cose, senso dell'umorismo e leggerezza, ne mostriamo poco.

Laura Balbo

1

“Bel negro, vuoi guadagnarti 500 lire?”

Un giorno uscivo dal supermercato con mia moglie, che è un’italiana. Avevamo fatto tanta spesa da riempire due carrelli. Dopo aver caricato il tutto nel portabagagli della macchina, mia moglie mi spinse i due carrelli da riportare per recuperare le due 500 lire.

M’incamminavo con i miei due carrelli, quando sentii dietro le spalle un “ssst!” accompagnato da uno schioccare di dita. Mi girai e vidi un signore sulla cinquantina farmi segno con l’indice di avvicinarmi, e abbozzare il gesto di spingere il suo carrello verso di me. Lo guardai con un’espressione che mia moglie descrisse poi come carica di lampi e fulmini.

Comunque il mio sguardo doveva essere stato eloquente, perché lo vidi trattenersi il suo carrello e portarselo per conto suo.

Senz’altro, visto il colore della mia pelle e il gesto d’affido dei carrelli da parte della mia signora, il “sciur” aveva fatto la somma deduttiva: negro + carrelli = povero extracomunitario che sbarca il lunario.

Tornando alla macchina, vidi la mia dolce metà, che conoscendo la mia permalosità, si contorceva dalle risate. Mi misi poi a ridere anch’io.

Ora ogni volta che andiamo a fare la spesa, lei mi spinge, ammiccando, il carrello con voce scherzosa:

– Ehi bel negro, vuoi guadagnarti 500 lire?

2

Lezione di geografia

Un giorno andavo a scuola di specialità su un treno delle Ferrovie Nord. Ero seduto su quelle sedie micidiali d'inverno perché super riscaldate, perciò bisognava discretamente sollevare una natica dopo l'altra per ottenere un po' di sollievo.
La gente, come al solito, occupava prima tutti gli altri posti e solo quando non aveva più altra scelta, disperata veniva man mano a sedersi nei miei paraggi.
Un signore sulla sessantina si sedette di fronte a me e vedevo che già si preparava ad "attaccare bottone", per cui mi rifugiai dietro il mio libro, per sfuggire al solito interrogatorio poliziesco con l'uso diretto del "tu" del tipo: "Da dove vieni? Cosa fai? Di che religione sei?".
Questa volta, mi trovai di fronte un "attaccatore" coriaceo, che iniziò con:
– Hello! America?
Risposi con un dignitoso silenzio.
– Capire italiano?
Feci "sì" con la testa, ma non riuscii a scoraggiarlo.
– Africa?
Feci di nuovo "sì" pazientemente con la testa e lui, prendendo la mia apparente rassegnazione come un tacito consenso, proseguì con la sua inquisizione:
– Tu da che paese Africa venire?
Sentii la mia voce rispondere:

– Togo.
In genere a questo punto, c'è chi dice: "Togo? Sì, ma quale paese? Stato?" oppure nasconde la sua ignoranza, sotto il velo pudico di un "Ah!" d'intendimento, pensando senz'altro ai famosi biscotti.
In fondo hanno ragione: come si fa a raccapezzarsi di fronte a questo continente balcanizzato con tutti quegli staterelli che cambiano nome a ogni starnuto di un colpo di stato?
Intanto il viso del mio perspicace aguzzino, dopo aver aggrottato la fronte in un riflessivo e intenso silenzio, s'illuminò di un sorriso di compassione e con infinita pazienza cercò di spiegarmi:
– Ah Togo! Nel tuo dialetto forse dire "Togo", ma noi in italiano dire "Congo". Tu capire? Congo!!
Certo che avevo capito e... grazie per la lezione di geografia!

3

Baby-sitter

Un bel pomeriggio di primavera, Charles, un mio amico togolese, sposato con una ragazza italiana, portava a passeggio i suoi due figli, quello di due anni per mano e il piccolino di qualche mese nel passeggino per le vie del giardino pubblico. Incrociarono due signore anziane. Una di loro, mossa da amorevole compassione esclamò:
– *Ohi, por diavül ga tuca fa ül baby-sitter!*

4

Ora di punta

Stavo andando in autobus verso il centro in un'ora di punta. Con un po' di fatica, trovai un posto in fondo, aggrappandomi alla maniglia dell'ultima sedia vicino alla macchina obliteratrice dei biglietti.

A una fermata, un gruppo di chiassosi giovinastri, si accingeva a scendere dalla porta posteriore, intralciando e spingendo così coloro che cercavano di salire.

Irritato ed esasperato, un signore che cercava disperatamente di salire, li apostrofò, inveendo al loro scherno:

– Scemi! Si scende dal davanti! Idioti! Imbecilli! Selvaggi! Balu... ba!

Nel pronunciare quest'ultimo epiteto, il suo sguardo cadde su di me. Nel silenzio gelido passò un angelo con le ali imbrattate di vergogna e le gote rosse d'imbarazzo.

Chissà cosa avranno mai fatto quei... "Baluba"?

Non parliamo poi degli "Zulù"!

5

Etnocentrismo

Un giorno in classe, durante un incontro sull'interculturalità, chiesi ai ragazzi di darmi una definizione del termine "razzismo".
Subito, il più sveglio esclamò:
– Il razzista è il bianco che non ama il nero!
– Bene! – dissi – E il nero che non ama il bianco?
Mi guardarono tutti stupiti e increduli con l'espressione tipo: "Come può un nero permettersi di non amare un bianco?".

6

Il colore dei soldi

Estate, agosto, ferie sospirate dopo un anno passato a lavorare come un... negro. Sarebbe, pensava Apélété forte della sua esperienza, più giusto dire "lavorare come un... brianzolo". Infatti, sposato con una brava brianzola, il nostro amico aveva messo da parte un po' di "danè" e aveva prenotato telefonicamente una stanza in una pensione in riva al mare.
Arrivati a destinazione, mentre lui scaricava i bagagli, la moglie, recuperate le chiavi in reception salì in camera.
Carico come un facchino, Apélété si stava avviando verso le scale quando si sentì interpellare dal gestore:
– Ehi tu, dove pensi d'andare?
Al suo sguardo interrogativo e di stupore, il padrone rispose con un linguaggio per sordomuti del genere "Tu non potere andare su!".
A questo punto, il nostro amico... nero dalla rabbia, si spiegò concitatamente:
– Ho prenotato qui una stanza da più di un mese, e ne avete appena dato le chiavi a mia moglie!
– Oh mi scusi – disse il gestore – l'avevo presa per...
E Apélété terminò nella sua mente: "...un facchino... nero".
È proprio vero che la voce al telefono non ha colore, ma di certo anche i soldi non ne hanno.

7

“Scusi, lei è italiano?”

Finita la scuola d’infermiera professionale, Akolè aveva trovato un posto di lavoro presso una casa di cura.
Minuta, con modi carini, era molto apprezzata sul lavoro per la sua efficienza, gentilezza e proverbiale disponibilità.
Eppure quella sera in corsia c’era un paziente che insisteva nel mettere a prova i suoi nervi.
Non le pesava di certo il fatto che il paziente del letto 124 suonasse a ripetizione, né che s’atteggiasse a onnipotente perché aveva la bocca piena di soldi.
Quello che irritava Akolè era che dalla prima chiamata, appena lei entrò nella stanzetta, lui, scrutando la sua faccettina “abbronzata” e indicando la finestra col dito disse:
– Io caldo, tu aprire!
Sbigottita, Akolè andò ad aprire la finestra.
Alla seconda chiamata, l’individuo disse:
– Tu, portare me pappagallo per pss! Capito?
Espletato il suo bisogno fisiologico, l’energumeno chiamò di nuovo:
– Io finito, tu portare via pappagallo!
Alla quarta chiamata, l’ostrogoto disse:
– Adesso avere freddo, tu chiudere finestra! Capito? Chiudere finestra!
A questo punto sull’orlo dell’esasperazione, la nostra amica lo squadrò dall’alto in basso e gli chiese con voce dolciastra e soave in perfetto italiano:

– Mi scusi signore, ma lei è italiano? Mi vergognerei da morire se qualcuno parlasse così la mia lingua!
E, girandosi uscì.
Chissà poi se avrà... capito!
A metà corridoio la nostra infermiera si ricordò di non aver chiuso la finestra, ma stranamente il bipede non chiamò più (almeno per quella sera).
Forse aveva capito.

8

Pregasi collegare la lingua... al cervello

Un giorno mia moglie e io andammo al supermercato con un mio nipote africano di quattro anni in visita da noi.
Incontrammo una giovane signora, che conoscevamo da almeno una decina d'anni.
Ci s'avvicinò e prima ancora di vedere il piccolo esclamò:
– Oh che bello! Com'è cresciuto! È il vostro primo?
Tenete presente che mio nipote era da noi da appena due mesi, e che è nero come il carbone.
In realtà il nostro primo ha ormai nove anni, sua sorella sette e sono ovviamente entrambi di colore caffelatte.
A volte basterebbe collegare la lingua... al cervello.

9

Punto a... capo

Un giorno, mentre si trovava nel corridoio della corsia dove lavorava come infermiera, Akolè vide arrivare un signore elegante e distinto.
Con premurosa gentilezza, gli andò incontro e gli chiese:
– Mi scusi, posso esserle utile?
Lui rispose con un secco “no” oltrepassandola per recarsi diritto verso la dispensa dove le ausiliarie stavano approntando i pasti per i degenti.
Arrivato lì disse:
– Sono il figlio della signora Galimberti del letto 130 che è stata operata stamani e vorrei avere notizie dalla caposala sulle sue condizioni.
Gli fu indicata la caposala, che era l’infermiera “di colore” che aveva appena sorpassato nel corridoio.

10

Grande capo Carlo

Un'estate, trovai lavoro come custode e curatore di cavalli da corsa in una fattoria.
Il fratello del proprietario, che era lì come uomo di fatica tutto fare, mi portò a fare il giro delle scuderie. Subito s'informò:
– Tu venire Brasile? (il fratello aveva lì delle tenute).
– No – risposi – vengo dall'Africa.
– Tu conoscere cavalli?
Risposi:
–Questa è la mia prima esperienza, ma i cavalli mi hanno sempre affascinato.
Intanto eravamo giunti nel box di una bella giumenta rossiccia a cui il proprietario stava propinando dell'avena.
Suo fratello disse ancora rivolgendosi a me:
– Tu dare mangiare due volte al giorno cavalli e...
A questo punto il padrone l'interruppe dicendo:
– Perché tu parlare così grande capo viso pallido Carlo? Guarda che lui è studente universitario al quarto anno di medicina e parla l'italiano meglio di te...
Passò un angelo con le narici palpitanti in groppa a un cavallo impallidito dal disagio.

11

Non c'è peggior sordo...

Avendo pensato, mia moglie e io, d'adottare un bambino africano, mi recai al tribunale dei minori per informarmi sulle modalità e l'iter legale da seguire.
Dopo aver girato su e giù per scale e scale, raggiunsi infine l'ufficio predisposto.
Prevenuto da precedenti esperienze con la burocrazia, mi accomodai pazientemente sulla mia sedia nel corridoio, aspettando il mio turno.
Quando infine fui introdotto, l'impiegata non mi degnò neanche di uno sguardo, intenta com'era a spulciare delle pratiche.
Aspettai tranquillamente, fino a quando alzò gli occhi su di me dicendo:
– Dica!
Iniziai con:
– Volevo chiedere informazioni sull'ad...
Ma senza ascoltarmi disse:
– Deve andare in questura.
– Cosa c'entra la questura? Volevo solo...
Mi interruppe di nuovo chiamando un'altro impiegato dalla stanza contigua:
– Giorgio, vuoi sentire tu cosa vuole questo qua? Io non ci capisco niente!
Feci tre respiri profondi per annegare l'adrenalina che mi stava già inondando tutto il corpo e dissi con calma:

– Volevo sapere come fare per l'adozione di uno straniero, perché...
– Deve seguire la via regolare come tutti!
– Appunto, è per questo che...
– Perché cerca una corsia preferenziale per essere adottato?
Ci ho messo un po' a fargli capire che non ero io a voler essere adottato, ma che volevo adottare.
Si sa che non c'è peggior sordo di chi non vuole sentire.

12

“Zi Padrona”
o meglio: “Chi ha paura dell’uomo bianco?”

Il volo AZ 453 della compagnia Air Afrique proveniente da Parigi per Cotonou, dopo aver fatto scalo ad Abidjan, era stato appena annunciato per l’imbarco immediato al cancello 2.
Avevamo priorità noi che eravamo saliti a Parigi.
Presi il mio bagaglio a mano pesantissimo con una certa disinvoltura, cercando di far credere che conteneva solo piume.
Davanti a me, uno studente beninese trascinava a fatica un borsone voluminoso, e con evidente fatica si accingeva a imboccare la scala del Jumbo.
In quell’istante vidi scendere dall’aereo l’hostess africana, che si sbracciava in direzione dello sfortunato studente, per dirgli che quel borsone non poteva essere considerato un bagaglio di cabina.
Ma il nostro arrogante compagno di viaggio non voleva sentire ragione e così nacque un’aspra discussione che ci vide tutti curiosi spettatori.
L’irremovibile studente si difese aggressivamente dicendo:
– Sono salito da Parigi su questo stesso aereo con questa stessa borsa stamani e nessuno ci ha trovato da ridire! Siete sempre voi ivoriani a fare storie!
A questo punto la nostra candida hostess nera disse:
– Vuoi che ti chiamo il comandante bianco?
Nello stupore generale passò un angelo nero con pesanti catene alle ali, canticchiando... un blues.

13

Il trasloco

Cissé non tornava in Senegal da due anni per poter accumulare così due mesi di ferie da passare in terra natale.
Sulla strada dell'aeroporto della Malpensa, già pregustava, oltre al *tieboudienne* che gli avrebbe fatto trovare la sua mamma cucinato con gli ingredienti "giusti", le grida di gioia di fratelli, sorelle e cugini, quando avrebbe aperto per loro i suoi due valigioni pieni di regali.
Al check-in, la signorina raffreddò il suo entusiasmo informandolo che le sue valigie pesavano 40 chili e che aveva diritto solo a 20.
La sua gioia si tramutò dapprima in angoscia per sprofondare poi nella più nera disperazione.
Non poteva di certo tornare a casa senza regali. Sarebbe stata la più cocente delle umiliazioni, perché i regali erano il segno tangibile della sua riuscita in Europa e si era privato di tante cose per quello.
Per sua fortuna una giovane coppia di neo-sposi in viaggio di nozze per Dakar, avendo pochi bagagli si offrì di condividere i suoi chili eccedenti.
Il suo sollievo fu mitigato dal commento della signorina alla coppia:
– Così li abituate male, perché questi qua non viaggiano... traslocano.

14

Moglie e buoi dei paesi tuoi

Quando ero in Francia, un mio professore di fede liberista-avanguardista, che aveva una gran simpatia nei miei riguardi, m'invitava spesso a passare il fine settimana con la sua famiglia. Col tempo, m'ero legato d'affettuosa amicizia ai figli e non perdevamo mai un'occasione per stare insieme.
Una sera, dopo un servizio televisivo sull'intolleranza razziale, il "prof" salendo in cattedra declamò:
– Non riesco proprio a capire come fa la gente a essere razzista. Vedi, tu qui da noi sei come uno dei nostri figli. Ti trattiamo alla pari, ti parliamo sempre senza atteggiamenti di superiorità, ti facciamo mangiare a tavola con noi...
Dentro di me pensai "tante grazie!" mentre lui concludeva:
– Non abbiamo mai tenuto conto del colore della tua pelle. Vedi, noi non siamo razzisti.
Dissi:
– Sa, professore, a volte la gente è razzista senza saperlo, almeno finché non è coinvolta in prima persona. Supponiamo per esempio, che m'innamorassi di sua figlia, e, contraccambiato, la chiedessi in sposa, lei cosa direbbe?
Rispose:
– Beh... questa è un'altra cosa!
La nostra discussione si arenò lì.
L'unica cosa strana è che da quella sera non mi ha mai più invitato a casa sua.
Chissà mai perché!

15

La voce dell'innocenza

Quando mia moglie e io fummo invitati a una trasmissione televisiva sulla coppia mista, mio figlio di nove anni mi chiese:
– Papà, ma perché devono fare una trasmissione sulla coppia mista? Cosa vuole dire una coppia mista?
Risposi:
– Vedi che papà è nero e la mamma è bianca, noi formiamo una coppia mista. Siccome per la gente è una cosa nuova, vogliono che ne parliamo.
Dopo averci pensato per un po', mi guardò e disse:
– Boh, per me, una coppia mista... è un uomo che sposa... un robot.

16

Barzelletta

– Papà, papà – disse Fombi tornando da scuola – i miei compagni mi scherzano perché sono nero e dicono che in Africa ci sono i cannibali, che la gente va in giro nuda e vive sugli alberi.

Suo padre gli disse:

– Dì loro pure che è vero: che a casa il nostro albero era vicino a quello dell'ambasciatore italiano e che era uno spasso vedere la fatica che faceva sua moglie per salire sul ramo della notte.

17

Le ragioni della speranza

Salendo sull'autobus, sentii gridare ancora prima di vederlo, un ragazzino di una scuola in cui ero andato a parlare dell'Africa:
– Kossi, ciao Kossi!
Girai la testa in direzione della sua voce e lo vidi strattonato da sua madre che mi squadrò con gli occhi diffidenti, mentre si abbassava per dirgli concitatamente qualche cosa a bassa voce.
Lo sentii ribattere ad alta voce la faccia stupita:
– Ma, mamma *è* Kossi!

18

Sindrome da “vù-cumprà”

Tornando da scuola, Gratus passò per il centro per comprare dei quaderni in una cartoleria.

Appena lui con il suo borsone entrò nel negozio, il commerciante gli venne incontro con mani e palme aperte con:

– No grazie, non compriamo niente!

– Ok! – disse Gratus – Ma io, posso comprare dei quaderni?

19

"Per carità...!"
o meglio: "Bussate, vi sarà aperto"

– Il parroco conosce una signora che ha bisogno di un fisioterapista, ti conviene passare a parlare direttamente con lui.
Gratus s'incamminò per la salita che portava alla dimora del prevosto.
Arrivato, suonò e vide le tende muoversi alla finestra, ma nessuno aprì. Suonò di nuovo. Dei passi affrettati si avvicinarono alla porta socchiusa. Vide spuntare una mano e tendergli furtivamente tremila lire.
– No, volevo parlare con il parr...
Il resto del suo discorso si perse nello sbattere della porta.
Inorridito, tornò a suonare ancora con insistenza, il dito incollato al campanello.
Dopo un po' la porta si aprì di nuovo a svelare il viso della misteriosa mano, che non era altro che quella della devota perpetua, che subito gridò:
– Ma insomma, basta per carità! È tutta mattina che si va avanti così! Cosa vuoi? Un panino?
E al gesto di diniego, replicò:
– Sì lo so; non con il prosciutto perché non mangi il maiale, vero?
– No, signora! – urlò disperatamente il nostro malcapitato, e scandendo le parole aggiunse – So-no il fi-sio-te-ra-pi-sta, de-vo parla-re con il signor pa-rro-co.
– Oh mi scusi!

E un angelo carico di una croce pesantissima, girò caritatevolmente il suo sguardo sull'altra parte della strada sussurrando:
– Qualcuno ha detto: "Bussate... e vi sarà aperto!". Non ha detto: "Suonate e sarete ascoltato!".

20

Pre-giudizi

Tornato in Africa per le ferie, un mio vecchio compagno di scuola che lavorava in una falegnameria con il padre, innamorato dal design “made in Italy”, mi parlò del suo desiderio di seguire nel campo uno stage in Italia. Non volle aspettare la mia partenza e mi chiese di dargli l’indirizzo di una persona da contattare appena arrivato in Italia. Gli diedi il numero di telefono e l’indirizzo di una famiglia amica dicendogli che la moglie si comportava con me come fosse la mia seconda mamma. Poiché non sapeva l’italiano, gli dissi di presentarsi solo con queste cinque parole: *“Je suis l’ami de Kossi”* (Sono l’amico di Kossi). La signora capiva un po’ il francese e il marito lo masticava discretamente.

Arrivato, il mio amico prese il taxi dall’aeroporto alla stazione e qui telefonò dicendo *“Je suis l’ami de Kossi”*. In un primo tempo la signora pensò che ero di ritorno, in vena di scherzi. Ma il ripetitivo *“Je suis l’ami de Kossi ”*, la convinse presto del contrario e dopo incroci telefonici con il marito, si mise d’accordo con l’amico per andare a prelevarlo in stazione.

Quando arrivò in stazione, la signora non si pose il problema di come fare per riconoscere *l’ami de Kossi.* Senza nessun dubbio doveva essere quel signor lì “abbronzato ”, elegante, con la sua valigia ventiquattr’ore.

Dal lato suo, il mio amico vedendo avvicinarsi a lui una signora bionda, elegante e carina, che lo fissava con insistenza, e con

un sorriso aperto, equivocando sulle sue intenzioni, si girò da un'altra parte.
Eppure - si diceva la signora - non poteva essere che lui! Ma avvicinandosi, vide quest'ultimo girare di nuovo la testa con un po' di sufficienza.
Quanto al mio amico, benché sicuro del suo "charme", non riusciva a raccapezzarsi di questo successo così immediato, del suo fascino esotico sulle italiane.
Ed è con un po'd'irritazione che vide la signora abbordarlo con decisione con queste parole:
– *Je suis l'ami de Kossi.*
A questo punto scoppiarono tutti e due in fragorose risate.
Riconosco tuttavia d'essere stato complice di questo quiproquo, in quanto non essendo abituato a dare importanza alle apparenze, parlando della signora come di una "seconda mamma", non mi era sembrato importante precisare quanto fosse giovane e carina... Il mio amico invece si era già fatto un suo... pre-giudizio.

21

Ogni paese... è mondo!

La signora era appena tornata dal suo viaggio in Kenya dove aveva alloggiato in un albergo della linea “Italian style”, esclusivo per turisti italiani, con cuoco italiano, personale e guida locale parlante italiano.
Disse incontrando Amavi:
– Jambo! Jambo!
Di fronte allo sguardo interrogativo di Amavi lei chiese con voce meravigliata:
– Come, lei non parla lo Swahili?
– No signora, io parlo l’Ewe, lei no?

22

Eufemismo

Stavo confezionando un gesso dietro al paravento, quando bussarono. Pregai l'infermiere di vedere chi era quel paziente... impaziente.
– Mi scusi infermiera – disse la voce di una signora – non c'è quel dottore?
– Quale dottore signora?
– Sa... – disse esitante – hmm... quello con gli occhiali.
– Sono in tanti con gli occhiali – rispose perfidamente l'infermiera.
–Quello... quello di... – disse la signora, annaspando per trovare il termine più appropriato.
– Quello...? – chiese impietosamente l'infermiera.
E la signora buttandosi come in apnea disse:
– Quello di... quello un po'... insomma quello... negrettino!
– Lei cerca il dottor Kossi?
– Appunto! – rispose con evidente sollievo.
– Se vuole aspettare un attimo, sta visitando.
– Grazie.

Io intanto, dall'alto dei miei cento chili, pensavo: "Cara signora mia, definire uno della mia stazza "un negrettino"... è davvero un eufemismo!".

23

“Vù-cumprà” mania

Quando Kuma si recò con la sua adorata Serena in Sardegna per conoscere i futuri suoceri, lei lo portò ad assaporare la tiepida brezza salmastra della sera in spiaggia.
Mentre Kuma apriva il borsone per estrarne la salvietta per sdraiarsi, gli si avvicinarono due amabili signore che con sollecitudine chiesero:
– Non hai qualche braccialetto o collanina da vendere?

24

D'uso comune

Il sindaco di una grande città del nord Italia in un discorso ufficiale definì con il termine "vù-cumprà" i venditori ambulanti senegalesi.
Qualcuno obiettò che la parola era offensiva e carica di significato dispregiativo.
Il primo cittadino ribatté che si trattava di una polemica pretestuosa in quanto ormai "vù-cumprà" era una parola d'uso comune.
Quando chiesero a un mio amico giornalista senegalese cosa ne pensava, egli rispose:
– Dite a quel sindaco che è un cretino! Tanto, "cretino" è ormai una parola d'uso comune.

25

Antiquariato

Il mio collega Francesco era fiero della sua casa e in particolare del suo arredo.

Quando mi invitò la prima volta dovetti sorbirmi il giro di tutte le stanze.

Nel salotto disse con voce tinta d'orgoglio:

– Vedi, questa è una sedia Luigi XVI, questo qua è un divano dell'epoca napoleonica e...

– Ah! – esclamavo con voce educata a ogni presentazione

Intanto lui continuava come un cicerone in un museo descrivendomi i suoi adorati cimeli, spiegandomi con dovizia di particolari la differenza fra i diversi stili.

Un po' stanco di starmene in piedi, accennai a sedermi quando mi bloccò apostrofandomi con un gemito inorridito:

– Non sederti lì! Non lì! Può rompersi! È una sedia Luigi...

A quel punto non riuscì più a trattenermi:

– Scusami Cesco, non per farmi i fatti tuoi, ma con tutti i soldi che hai perché mai vai sempre a comprare la roba già usata da altri e per di più in cattivo stato? Perché non ti compri dei bei mobili solidi, moderni e confortevoli?

Lui mi guardò e mi squadrò in lungo, in largo e di traverso con la bocca aperta.

Passò un angelo allibito con la faccia solcata da rughe malinconiche e in testa una parrucca di lana bianca stile Luigi... vattelapesca.

26

Culture... altre

Questa storia mi è capitata con un mio amico tedesco, Michael, ai tempi dell'università.
Michael si diceva avido di conoscere altre culture e imparare cose nuove.
L'ho invitato un'estate a casa mia in Togo.
All'inizio era entusiasta di tutto, ma dopo due giorni si era chiuso in un mutismo totale. Alla mia reiterata insistenza di conoscere la causa di questo pesante silenzio che stava minando la nostra amicizia, egli sbottò nervosamente:
– Ma perché camminate così e fate tutto con tanta lentezza? Perdete troppo tempo! Perché mangiate tutti assieme nello stesso piatto? Non è igienico! Perché i vostri cortili sono sempre pieni di tanta gente? Così non c'è privacy! Perché non fate come noi, noi... noi...
Cercai di spiegargli che questo *nostro* modo di mangiare diverso, di camminare diverso, di vestirsi diverso erano appunto gli elementi della *nostra* cultura e che, rifiutando questo, egli in qualche modo rifiutava la mia cultura.
Allora non riusciva a capirmi. Solo al suo ritorno Michael mi dichiarò abbracciandomi all'aeroporto:
– Sai, Kossi, ho imparato una cosa importante in Africa: io sono europeo.
"Sì caro Michael" avrei voluto dirgli "stai ancora sbagliando: tu sei tedesco!".

27

Punti di vista

Il mio amico senegalese Saidou è nero, magro e alto: diciamo altissimo come... un Watusso.
Ultimamente, stufo di rispondere a quelli che sbirciandolo dal basso in alto gli fanno, sgranando gli occhi, la solita domanda:
– Oh mamma, quanto sei alto?
Lui risponde, imperturbabile, con questo quesito:
– E tu, quanto sei basso?

28

Intercultura e vergogna

La “signora maestra” perorava con gli occhi fuori dalla montatura:
– Vede, in classe abbiamo un ragazzino di colore e vorremmo approfittare della sua presenza per fare dell’intercultura ma... niente da fare. L’altro ieri gli ho chiesto di dirci una parola in africano e lui, silenzio totale.
Concluse sagacemente:
– Secondo me si vergogna delle sue origini!

Può anche darsi, ma cara maestra mia, mi dica lei una parola in “europeo”!

29

“Paese che vai... ”
o ancora “Indovina chi viene a cena”

Ormai lo so. Cercai di spiegarlo all’amico ivoriano Daouda:
– Qui non si può far visita all’ora di pranzo o di cena se non sei invitato, altrimenti vai a finire con una rivista in mano sul divano o peggio a dialogare con un televisore acceso perché non hanno scongelato la bistecca per te.
Se ti invitano poi, devi portarti dietro dei fiori per la signora oppure un pacchetto di cioccolatini, pasticcini per i bimbi o una bottiglia di vino o di liquore per il signore.
Spero che Daouda mi abbia capito.
– Il guaio con gli africani – mi confidava una mia amica italiana – è che se ne inviti uno, non solo non porta niente, peggio c’è il rischio che si porta dietro... un amico.

30

Identità

Appena sposati, le amiche (?) di mia moglie erano davvero incuriosite della nostra coppia “domino”.
Di certo per loro aver sposato un negro era davvero una cosa... strana.
– Cosa mangia? – le chiesero alcune senz’altro agghiacciate al pensiero di un menu a base di serpente affumicato o di ginocchio d’elefante bollito.
– Chissà come verranno fuori i vostri figli! – esclamò un’altra di fede milanista tormentata all’idea di una generazione a strisce tipo zebra-Juventus.
L’intellettuale del gruppo si contorceva la mente nel dilemma amletico:
– In chi e in che cosa si identificheranno i vostri figli?
Oh Dio! Finora per i miei figli sono il loro papà e mia moglie è semplicemente la loro mamma.
Credo che loro si sentano ormai (e lo auguro a tutti)... cittadini del mondo.

Indice